Buffy Silverman

Biblion Uitgeverij – Uitgeverij Delubas

© Harcourt Education Ltd. 2008
Onder licentie van Capstone Global Library Limited
Oorspronkelijke titel: *State of confusion (Fusion Series)*
Vormgeving: Philippa Jenkins en Q2A Creative
Beeldredactie: Ruth Blair

Vertaling: Dorette Zwaans, Textalia
Opmaak Nederlandse editie: Interlink Groep, Oud-Beijerland

Gedrukt in China

Een coproductie met Uitgeverij Delubas

Fotoverantwoording: De auteur en uitgever bedanken de volgende instanties voor de gebruikmaking van materialen waar copyright op rust: Corbis blz. 18 (Royaltyvrij), 20-21 (Roulier/Turiot/photocuisine), 27 (José F. Poblete); FLPA blz. 17 (Rinie Van Muers/Foto Natura); Harcourt Education/Tudor Photography blz. 24, 25; NHPA blz. 22 (ANT Photo Library); photolibrary.com blz.. 5 (Imagestate Ltd.), 6, 11 (Phototake Inc), 12-13 (Pacific Stock), 23 (Pacific Stock); Science Photo Library blz. 8 (John Mead), 14 (Martyn F. Chillmaid), 28-29 (Paul Silverman/Fundamental Photos).

Omslagfoto van olie vermengd in water. Met toestemming overgenomen van photolibrary.com.
Illustraties van Peter Geissler en Mark Preston.

De uitgever dankt Nancy Harris en Harold Pratt voor hun begeleiding tijdens de voorbereidingen van dit boek.

Er zijn veel inspanningen ten aanzien van de copyrightvermelding verricht. Mochten wij desondanks in gebreke zijn gebleven, gelieve contact op te nemen met de uitgever.

Alle internetadressen waren juist op het moment dat dit boek gedrukt werd.

© 2011 Biblion Uitgeverij, Leidschendam

Alle rechten voorbehouden. Niets uit deze uitgave mag worden verveelvoudigd, opgeslagen in een geautomatiseerd gegevensbestand, of openbaar gemaakt, in enige vorm of op enige wijze, hetzij elektronisch, mechanisch, door fotokopieën, opnamen, of enig andere manier zonder voorafgaande schriftelijke toestemming van de uitgever.

Voor zover het maken van kopieën uit deze uitgave is toegestaan op grond van artikel 16b Auteurswet 1912 j° het Besluit van 20 juni 1974, Stb. 351, zoals gewijzigd bij Besluit van 23 augustus 1985, Stb. 471 en artikel 17 Auteurswet 1912, dient men daarvoor wettelijk verschuldigde vergoedingen te voldoen aan de Stichting Reprorecht (Postbus 3060, 2130 KB Hoofddorp). Voor het overnemen van een of meer compilatiewerken (artikel 16 Auteurswet 1912) dient u zich te richten tot Biblion Uitgeverij, Postbus 437, 2260 AK Leidschendam.

ISBN 978-90-5483-298-0

1800000455

NUR 210

www.nbdbiblion.nl

www.delubas.nl

Inhoud

Stof doen opwaaien 4

De toestand van materie 8

Hoe materie verandert 14

Mengvormen 20

Raadselachtige materie 22

Wat voor materie is het? 28

Moeilijke woorden 30

Meer weten? 31

Register 32

Sommige woorden zijn **vet** gedrukt. Wat die betekenen vind je in de woordenlijst op bladzijde 30. Ook vind je ze onder aan de bladzijde waarop ze voor het eerst worden gebruikt.

Stof doen opwaaien

Je crosst met je fiets over het pad naar beneden. De wind blaast in je gezicht. Je springt met de fiets over een rots en suist door de lucht. Je racet de heuvel af. Onderaan plons je door een plas. Je bent kliedernat en zit van top tot teen onder de modder.

Alles wat je op je pad tegenkwam is **materie**. Je fiets is opgebouwd uit materie. De rotsen en bladeren zijn van materie. De waterplassen en de modder bestaan uit materie. Zelfs de wind die door je haren blaast bestaat uit materie.

Maar wat is materie? Materie is de stof waaruit iets is opgebouwd. Materie heeft **massa**, het neemt plaats in. Materie heeft gewicht. Een heel klein stofdeeltje, maar ook een enorm rotsblok. Lucht, maar ook water. Je kleren, maar ook je fiets. Alles bestaat uit materie. Zelfs jij! Materie is de bouwstof waaruit de hele wereld is opgebouwd.

Je fiets zit onder de modder. De modder, je fiets en jijzelf zijn opgebouwd uit materie.

materie alles wat plaats inneemt en gewicht heeft
massa de hoeveelheid plaats die materie inneemt

Bouwstenen

Stel, je peddelt rustig in je kano over het water. Maar, plotseling versmalt de rivier. Je belandt in een kolkende watermassa. Je schuurt over rotsblokken en schampt langs boomtakken.

> Alles in de rivier is opgebouwd uit materie. Materie bestaat uit heel kleine bouwsteentjes. Zo klein dat je ze met het blote oog niet kunt zien.

atoom kleinste herkenbare bouwsteen van materie
bouwsteen deeltje waaruit iets is opgebouwd

Alles in de rivier is opgebouwd uit **materie**. Materie bestaat uit kleine **bouwstenen**. Die bouwsteentjes noemen we **atomen**. Het water, de rotsen, de bomen, de vissen, alles is opgebouwd uit atomen. Alle materie bestaat uit atomen.

Atomen zijn de bouwstenen van de materie. Atomen kunnen zich met elkaar verbinden. Er zijn wel meer dan 100 verschillende soorten atomen. Een atoom kan zich ook verbinden met een atoom van een andere soort. Ze hoeven niet per se van dezelfde soort te zijn. Zo zijn er duizenden verschillende combinaties van atomen mogelijk. Materie bestaat uit een combinatie van atomen.

Inimini

Waterstof is het kleinste atoom. De atomen van waterstof zij zo klein dat er wel vijf triljoen waterstof-atomen op een speldenknop passen!

Water is opgebouwd uit twee soorten atomen: waterstof en zuurstof.

Zo zit dat:

H = waterstof
O = zuurstof

De toestand van materie

Alle **materie** is opgebouwd uit **atomen**. Materie komt in verschillende **toestanden** (vormen) voor. **Vast**, **vloeibaar**, of **gas**. Materie kan van de ene toestand overgaan in de andere toestand. Bijvoorbeeld van vast vloeibaar worden, of andersom.

Een rots voelt hard aan. Hij is van vaste materie. Vaste materie behoudt zijn vorm. Dat komt omdat de **bouwstenen** van vaste materie heel dicht op elkaar zitten.

De hardste materie

Diamant is de hardste materie die op aarde bestaat. Een diamant snijdt zelfs door glas en staal.

Stenen zijn vast. Ze behouden hun vorm.

gas	materie die zich verspreidt in open ruimtes
vast	materie die altijd zijn eigen vaste vorm behoudt
vloeibaar	materie die kan vloeien en van vorm kan veranderen
toestand	vorm waarin de materie verkeert

Eigenschappen vaste materie

	Vast	
Vorm		Een vast voorwerp heeft een eigen, vaste vorm.
ver- andering		De vorm van een vast voorwerp kun je niet makkelijk veranderen.
Grootte		Een vast voorwerp heeft een vaste grootte.

Stel je eens een propvolle lift voor. Geen mens kan zich bewegen, zo dicht staan ze tegen elkaar aan geplakt. Zo is dat ook bij vaste materie. De bouwstenen zitten strak tegen elkaar aangeplakt. Ze trekken elkaar aan en houden elkaar vast.

Als iets vast is, voelt het meestal hard aan. Het verandert nooit zomaar vanzelf van vorm. Een stuk klei verandert pas van vorm, als je er in knijpt, of aan trekt. Iets dat vast is blijft altijd evenveel plaats innemen. Ook als je de vorm ervan verandert.

Vloeistof

Je hebt zeker wel eens per ongeluk een glas drinken omgestoten. De inhoud liep van de tafel en drupte op de vloer.

Drinken is **vloeibaar**. Iets wat vloeibaar is, heeft geen vaste vorm. Iets dat vloeibaar is is nooit rond, zoals een bal. Of van een bepaalde lengte, zoals een stok.

Schenk je glas nog maar eens vol. De vloeistof neemt de vorm aan van je glas. In een smal, hoog glas heeft vloeistof een smalle, lange vorm. In een breed glas, heeft vloeistof een brede vorm. Een vloeistof neemt altijd de vorm aan van het voorwerp waar je hem ingiet.

Eigenschappen van vaste en vloeibare materie

	Vast	Vloeibaar
Vorm	Een vast voorwerp heeft een eigen, vaste vorm.	Een vloeistof heeft geen vaste vorm.
ver-andering	De vorm van een vast voorwerp kun je niet makkelijk veranderen.	Een vloeistof neemt de vorm aan van het voorwerp waar je hem ingiet.
Grootte	Een vast voorwerp heeft een vaste grootte.	Een vloeistof heeft altijd hetzelfde **volume**.

volume hoeveelheid plaats die iets inneemt

De **bouwstenen** van vloeistoffen zitten minder dicht op elkaar gepakt dan in **vaste** materie. Stel, de liftdeur gaat open. Een aantal mensen stapt uit, de gang in. Zo gaat het ook bij de bouwstenen van een vloeistof. Ze gaan elk een kant op en ze staan nooit stil. Ze krioelen over en door elkaar heen. Dat is wat je ziet als vloeistof vloeit.

Nu gieten we de vloeistof van het glas in een kan. Het maakt niet uit wat voor kan, een hoge of een lage. In de kan is het volume van de vloeistof precies even groot als in het glas. De vorm van de vloeistof is veranderd, maar hij neemt nog steeds precies evenveel plaats in.

Vloeistoffen nemen de vorm aan van het voorwerp waar je ze ingiet.

Gas

Een hete-luchtballon stijgt op, de lucht in. Wat zit er in de ballon? Lucht! De ballon lijkt leeg. Maar hij zit vol hete lucht. Lucht is **materie**. Lucht bestaat uit **gassen**. Je kunt gassen niet zien. Maar wat je wel kunt zien is dat het gas de ballon vult. Want zonder gas zou de ballon slap op de grond liggen.

Overal om ons heen zijn gassen. We ademen de gassen ook in, en uit. Als gas vervliegt, verspreiden de **atomen** zich. Zo ver als mogelijk. Het gas vult altijd de hele ruimte waar het inzit. Het past dus in ieder potje. En doe je het dekseltje eraf, dan ben je het kwijt.

Eigenschappen van vaste en vloeibare materie en van gas

	Vast	Vloeibaar	Gas
Vorm	Een vast voorwerp heeft een eigen, vaste vorm.	Een vloeistof heeft geen vaste vorm.	Een gas heeft geen vaste vorm.
Ver-andering	De vorm van een vast voorwerp kun je niet makkelijk veranderen.	Een vloeistof neemt de vorm aan van het voorwerp waar je hem ingiet.	Een gas neemt de vorm aan van het voorwerp waar je het in doet.
Grootte	Een vast voorwerp heeft een vaste grootte.	Een vloeistof heeft altijd hetzelfde **volume**.	Een gas wordt zo groot als het voorwerp waar het inzit.

comprimeren   heel dicht tegen elkaar persen

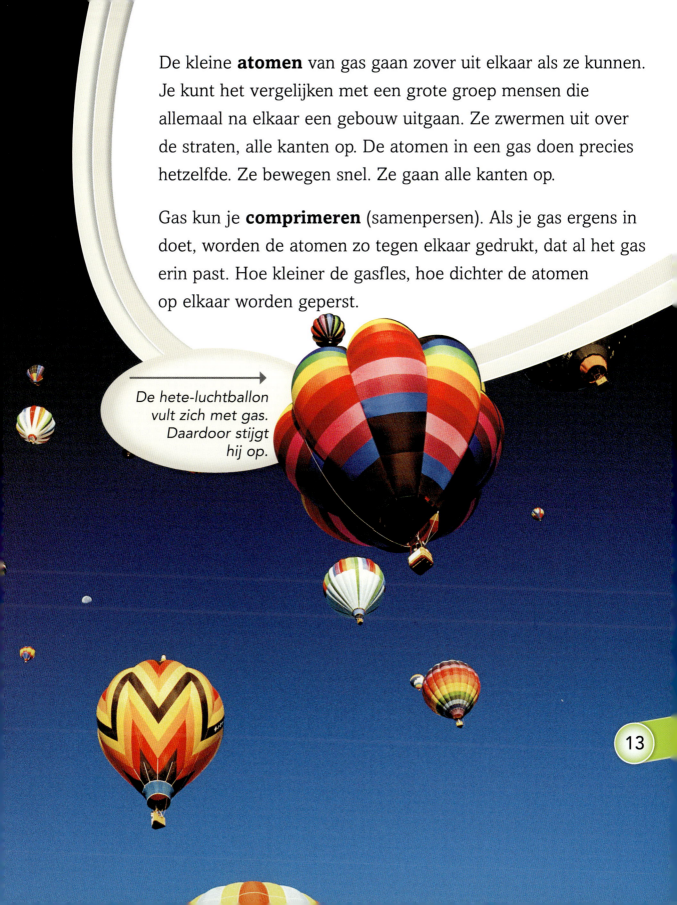

De kleine **atomen** van gas gaan zover uit elkaar als ze kunnen. Je kunt het vergelijken met een grote groep mensen die allemaal na elkaar een gebouw uitgaan. Ze zwermen uit over de straten, alle kanten op. De atomen in een gas doen precies hetzelfde. Ze bewegen snel. Ze gaan alle kanten op.

Gas kun je **comprimeren** (samenpersen). Als je gas ergens in doet, worden de atomen zo tegen elkaar gedrukt, dat al het gas erin past. Hoe kleiner de gasfles, hoe dichter de atomen op elkaar worden geperst.

De hete-luchtballon vult zich met gas. Daardoor stijgt hij op.

Hoe materie verandert?

Suiker is **vast**. Maar suiker kan wel van vorm (**toestand**) veranderen. Dat gebeurt als je suiker warm maakt. Dan wordt de suiker **vloeibaar**. Dit proces heet **smelten**.

En als de gesmolten suiker weer afkoelt? Dan wordt hij weer hard. Van vloeibaar verandert de suiker terug in vast. Zo maak je snoepjes: je smelt suiker en laat het in de vorm van een snoepje weer hard worden.

Wat heet!

Niet alle vaste stoffen smelten bij dezelfde temperatuur. Zo smelt ijs bij 0 graden (0 °C). Suiker bij 179 °C. En om een diamant te smelten moet je hem tot wel 3550 graden (3550 °C) verhitten!

energie   zet dingen in beweging
smelten   de temperatuur waarop iets van vast verandert in vloeibaar

Materie verandert niet zomaar vanzelf van vorm. Normaal gesproken blijft wat vast is vast. Wat vloeibaar is vloeibaar. En **gas** blijft gas. Maar door materie te verhitten of juist af te koelen kan het van **toestand** veranderen. Vast wordt vloeibaar, vloeibaar wordt gas.

Ook als materie van **toestand** (vorm) verandert, houdt het wel dezelfde **bouwstenen**. Als je een vaste materie verhit, dan geef je **energie** aan de bouwstenen. De bouwstenen gaan sneller bewegen. Ze bewegen langs elkaar heen en verspreiden zich. Zo wordt vaste materie vloeibaar.

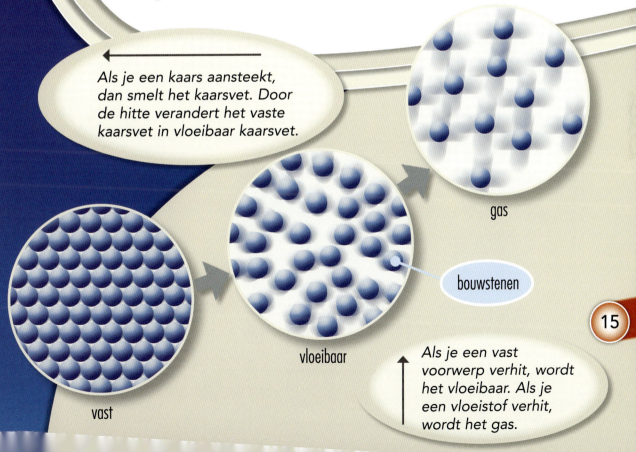

Als je een kaars aansteekt, dan smelt het kaarsvet. Door de hitte verandert het vaste kaarsvet in vloeibaar kaarsvet.

gas

bouwstenen

vloeibaar

Als je een vast voorwerp verhit, wordt het vloeibaar. Als je een vloeistof verhit, wordt het gas.

vast

IJs, water en damp

Een ijsbeer rent over ijs. Maar in de zomer zwemt hij erdóór. Hoe kan dat? Het **vaste** ijs wordt in de zomer **vloeibaar** water.

Als het vriest, verandert water van vloeibaar in vast. Bij een temperatuur van 0 °C of minder verandert vloeibaar water in vast ijs. Als de temperatuur weer boven 0 °C komt, warmt het ijs op. Het gaat **smelten**. En dan wordt het weer vloeibaar water.

Giet op een warme dag eens een plasje water op de grond. Als de zon erop schijnt, zal het water verdwijnen. Waar is het water heen? De warmte van de zon maakt dat het water **verdampt**. Het water verandert van vloeistof in **gas**. Het gas dat ontstaat wanneer water verdampt, noem je **damp**. De damp lost op in de lucht. Je ziet het niet meer, maar het water is er nog wel. Als je water warm maakt, verandert het van vloeibaar naar gas. Als dat gas weer afkoelt, wordt het weer vloeibaar water.

Over de kook

Water **kookt** bij 100 °C. Als water kookt verandert het in water**damp** (gas).

In de winter loopt de ijsbeer over het ijs. In de zomer smelt het ijs en kan de beer erin zwemmen.

damp gas
koken een temperatuur bereiken waarbij een vloeistof verandert in gas
verdampen van vloeistof in gas veranderen
vriezen door afkoeling veranderen van vloeibaar naar vast

In het luchtledige

De lucht om ons heen zit vol waterdamp. Doe maar eens heel koud water in een glas en wacht. De buitenkant van het glas wordt nat. Hoe kan dat nou, je deed het water toch ín het glas? Het is water dat in de lucht zit! Als waterdamp dat in de lucht zit afkoelt, wordt het vloeibaar. De waterdamp in de buurt van je glas is vloeibaar geworden door de kou die van je glas afkomt. De damp is **gecondenseerd**: veranderd van gas naar vloeibaar.

condenseren   als gas vloeibaar wordt

Bewegende deeltjes

Materie verandert van **toestand** als de bouwstenen bewegen. IJs is hard omdat de bouwstenen dicht op elkaar gepakt zitten.

Als ijs verwarmd wordt, krijgen de waterdeeltjes **energie**. De bouwstenen van het water gaan dan sneller bewegen. Ze gaan steeds losser zitten en bewegen steeds verder uit elkaar. Het **vaste** ijs verandert in **vloeibaar** water.

Om van water waterdamp te maken, moet je het nog verder verhitten. Hitte geeft energie aan de bouwstenen. Die gaan nog sneller bewegen. Dan wordt het **gas**. De gasdeeltjes schieten alle kanten op.

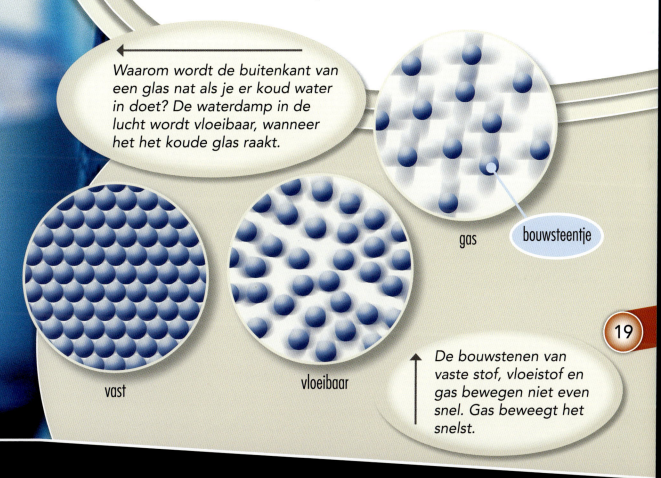

Waarom wordt de buitenkant van een glas nat als je er koud water in doet? De waterdamp in de lucht wordt vloeibaar, wanneer het het koude glas raakt.

vast   vloeibaar   gas   bouwsteentje

De bouwstenen van vaste stof, vloeistof en gas bewegen niet even snel. Gas beweegt het snelst.

Mengvormen

Er staat een pan groentesoep op tafel. De soep neemt de vorm van de kom aan. Je kunt de soep uit de pan in een soepkop schenken. Is de soep **vloeibaar**? Leg je hand maar eens op je soepkop. **Damp** stijgt op. Je hand wordt er nat van. Is de soep een **gas**? Steek nu je lepel er eens in. Als je erin roert, blijven de stukjes groenten even groot. Ze behouden hun vorm. Is de soep **vast**?

Groentesoep is een **mengsel**. Het bestaat uit vloeistof en vast. De waterdamp die uit de soep opstijgt is een gas. Veel materialen zijn een mengsel van **materie** in verschillende **toestanden**.

Zeewater is ook een mengsel. Het bestaat uit water en zout. Wanneer zeewater **verdampt** (van vloeibaar naar gas), blijft het zout achter.

Neem een hapje soep! Is wat je eet vast, vloeibaar of een gas?

mengsel twee of meer stoffen zijn met elkaar gemengd

Mensen zijn opgebouwd uit vaste en vloeibare materie en gassen.

bloed in de bloedvaten (vloeibaar)

lucht in de longen (gas)

botten van de ribbenkast (vast)

Supermens?

In welke toestand verkeer jij? Vast, vloeibaar of gas? Je bent een mengsel van die drie! Je botten zijn vast. Je bloed is vloeibaar. Je ademt gassen die je hele lichaam doorgaan. Je verteert je eten en verandert het in vloeibare stoffen, vaste stoffen en gassen.

Raadselachtige materie

Op het strand klim je een zandduin op. Het waait hard. Je ziet het zand de duin af glijden. Het lijkt wel een zandrivier. Je doet wat zand in een emmer. Het neemt de vorm van de emmer aan. Dan giet je het zand terug op het strand. Is zand **vloeibaar**?

Bij sommige stoffen is het niet duidelijk in welke **toestand** het verkeert. Neem nou zand. Ieder korreltje op zich is **vast**. Een zandkorrel verandert niet van vorm. Als je de korrel door zou snijden, dan zouden de twee helften samen nog steeds dezelfde zandkorrel geven. Ook al lijkt het zand in de emmer vloeibaar, dat is het niet. Het zijn kleine stukjes vaste materie.

Bliksems

Maar zand kan wel vloeibaar worden. Door de bliksem bijvoorbeeld. Die is zo heet, dat als hij inslaat het zand **smelt**.

De wind verplaatst het zand in stromen. Het lijken wel golven. Maar toch is zand niet vloeibaar. Zand is vast.

lava vloeibaar gesteente dat uit vulkanen stroomt
magma vloeibaar gesteente onder de grond

Hitte verandert vast gesteente in vloeistof. Een vulkaan spuit dit vloeibare gesteente uit, als rode, hete lava.

Stenen zijn vast. Maar ze kunnen wel **smelten**. Binnen in de aarde is het heel erg heet. De hitte verandert steen van vast in vloeibaar. We noemen het vloeibare gesteente **magma**. Als een vulkaan uitbarst, stroomt de hete magma naar buiten. Dan noemen we het **lava**.

Nog meer raadsels

Maïszetmeel (maïzena) is een soort meel. Als je het mengt met water, krijg je een soort slijmerige, dikke vloeistof.

Als je erin roert, voelt het **mengsel** stijf aan. Het kleeft in brokken aan elkaar. Je kunt er gewoon een stukje afbreken. Alsof het **vaste materie** is, behoudt dat zijn vorm. Sla er ook maar eens op. Het voelt hard aan en houdt zijn vaste vorm. Is dit mengsel vast?

Doe de proef

Doe 200 gram (ongeveer 1 kop) maïzena in een kommetje. Schenk er langzaam 200 ml water bij en roer. Als het te vast is, kun je er nog een drupje water bijdoen. Voelt het vast of vloeibaar?

Als je op de maïzenapap slaat, voelt het vast.

De maïzenapap druipt als een vloeistof van je vingers.

Na een tijdje wordt het een papje, dat kan vloeien als een **vloeistof**. Probeer het maar op te tillen. Dat gaat niet. De pap druipt dan van je vingers af. Hij lijkt vloeibaar.

Maïzenapap is bijzondere vloeistof. Als je hem op je hand giet, loopt hij eraf. Maar als je erop slaat, voelt hij hard aan. Als een vaste klomp. De pap behoudt zijn vorm.

Vloeibaar of vast?

Alle vloeistoffen kunnen vloeien en een andere vorm aannemen. Water vloeit snel. Dikke vloeistoffen, zoals honing, vloeien langzamer. **Teer** is ook vloeibaar. Maar het is veel dikker dan honing. En het stroomt 100 miljard keer langzamer dan water!

Teer wordt gemaakt van kolen of van olie. Het wordt gebruikt om wegen mee te bedekken. Het lijkt alsof het **vast** is en zo voelt het ook aan. Je hebt een hamer nodig om het stuk te slaan.

Thomas Parnell, een Australische wetenschapper, wilde weten of teer vloeibaar of vast is. In 1927 deed hij een experiment. Hij verwarmde een stuk teer en goot het in een pijp. Hij sloot de pijp goed af en liet hem drie jaar liggen. Toen opende hij de pijp weer en liet de teer eruit druppen.

Pas na acht jaar was de eerste druppel gevallen. Na 70 jaar waren er nog pas 8 druppels uit de pijp gevallen. En het experiment loopt nog steeds.

teer materiaal waar de snelweg mee wordt bedekt

Is teer vloeibaar? Het verandert langzaam van vorm. Het vloeit. Maar het is wel een heel dikke vloeistof!

Mensen gebruiken teer om wegen mee te bedekken. Teer vloeit heel erg langzaam, omdat het een heel dikke vloeistof is.

Wat voor materie is het?

Denk eens na over de materies op deze bladzijde. Zijn ze **vast**, **vloeibaar** of **gas**? Of zijn het misschien **mengsels**?

A Ga eerst buiten staan. Schud dan eens flink met een fles frisdrank. In de fles begint het te bruisen. Als je de fles openmaakt, hoor je een luid gesis. Er ontsnapt gas. Schenk de frisdrank in een glas. Hij neemt de vorm van je glas aan. Bubbels komen naar boven en ontsnappen. Wat voor materie is frisdrank?

B Je tekent met stoepkrijt op straat. Daarna veeg je het krijt weer af. Wat voor materie is krijt?

C Maak een balletje van kit. Leg het boven een gaatje. De kit vervormt langzaam. Wat voor materie is kit?

Antwoorden:

A Frisdrank is een mengsel van vloeistof en gas. Als je de fles opent, ontsnapt het gas uit de fles de lucht in.

B Krijt is vast. Als je het tegen de straat wrijft, komen kleine krijtdeeltjes op de straatstenen. Ieder deeltje krijt is vast.

C Kit is vloeibaar. Voor korte tijd neemt het een vaste vorm aan. Wacht je lang genoeg dan druipt het net als vloeistof.

Moeilijke woorden

atoom kleinste bouwsteen van materie.

bevriezen door afkoeling verandert vloeibare materie in vaste. Water bevriest bij 0 °C.

bouwsteen deeltje waaruit materie is opgebouwd. Atomen zijn de kleinste bouwsteentjes.

comprimeren heel dicht tegen elkaar persen.

condenseren proces waarbij gas vloeibaar wordt. Waterdamp kan condenseren op een glas koud water.

damp gas. Door waterdamp kan de lucht vochtig aanvoelen.

energie zet dingen in beweging of laat ze van toestand veranderen.

gas materie die zich verspreidt in open ruimtes. Gas neemt de vorm aan van het voorwerp waar je het in doet. De lucht die je inademt bestaat uit gassen.

koken een temperatuur bereiken waarbij vloeistof verandert in gas.

lava vloeibaar gesteente dat uit vulkanen stroomt. Lava is gloeiend heet.

magma vloeibaar gesteente onder de grond. Wanneer de vulkaan het uitspuwt heet het lava.

massa de hoeveelheid plaats die materie inneemt.

materie alles wat plaats inneemt en gewicht heeft. Alles op aarde bestaat uit materie.

mengvorm twee of meer materialen zijn met elkaar gemengd. De materialen kunnen ook weer uit elkaar gehaald worden.

smelten de temperatuur waarop iets van vast verandert in vloeibaar.

teer materiaal om de snelweg mee te bedekken. Teer is een heel dikke vloeistof.

toestand vorm waarin de materie verkeert. De drie toestanden van materie zijn: vast, vloeibaar en gas.

vast materie die altijd zijn eigen vaste vorm behoudt.

verdampen van vloeistof in gas veranderen. Een plas water verdampt in de zon.

vloeibaar materie die kan vloeien en van vorm kan veranderen. Een vloeistof heeft altijd hetzelfde volume.

volume hoeveelheid plaats die iets inneemt. Volume wordt gemeten in liters, milliliters of kubieke centimeters.

Meer weten?

Boeken
- *Vulkanen*, Robin Kerrod, De Lantaarn, 2000
- *Materialen*, Robert Snedden, Ars Scribendi, 2002
- *Wat? Wetenschap*, Tirion Uitgevers, 2007

Websites
- www.wetenschapswijzer.nl leuke en handige site met wetenschapsvragen
- www.proefjes.nl voor allerlei wetenschappelijke proefjes
- www.jeugdbib.be voor boektitels en links
- www.jeugdbieb.nl

Hoe overleef je op een onbewoond eiland? Ontdek in **Kwestie van overleven** hoe natuurkunde je daar bij kan helpen!

Waar vind je nog goud in de rivier? En hoe krijg je het eruit? **Op zoek naar goud** vertelt je er alles over.

Register

ademen 12
atomen 6, 7, 8, 15

bliksem 22
bloed 21

condenseren 18

deeltjes 6, 7, 8, 9, 11, 13, 15, 19

energie 15, 19

frisdrank 28, 29

gassen 8, 12-13, 15, 16, 19, 20, 21, 28
gewicht 4

hete-luchtballon 12, 13
honing 26

ijs 14, 16, 17, 19

kaarsvet 15
kit 29
klei 9
koken 16
krijt 29

lava 22, 23
lichaam 21
lucht 4, 12, 18, 21

magma 22, 23
maïszetmeel 24
massa 4
materie 4, 6, 7, 8, 12, 15, 19, 22
mengsel 20-21
modder 4

opwarmen 15, 16, 19, 22, 23

Parnell, Thomas 26

samenpersing 12, 13
smelten 14
soep 20-21
soorten materie 8-13, 20
stenen 4, 8, 23
stroom 10, 11, 19, 22, 23, 26, 27

teer 26, 27
temperaturen 14, 16
toestand (van materie) 8, 14-15, 19, 20-21

vast 8, 9, 10, 11, 12, 14, 15, 16, 19, 20, 21, 22, 24, 26
verdampen 16, 20
vloeibaar 8, 10-11, 14, 15, 16, 18, 20, 21, 22, 25, 26-27
vloeistof 8, 10-11, 12, 14, 15, 20, 21, 22, 26-27
vorm 9, 10, 12, 14, 20, 22, 25, 26, 28
vriezen 16
vulkanen 23

water 4, 6, 7, 16, 19, 24, 26
waterdamp 16, 18, 19, 20

zand 22
zeewater 20
zout 20
zuurstof 7